COORDENAÇÃO MOTORA E VISOMOTORA

CHICO BENTO VEIO MOSTRAR COMO É FÁCIL SEGUIR CADA MOVIMENTO NA SEQUÊNCIA INDICADA. VAMOS TENTAR?

COORDENAÇÃO MOTORA E VISOMOTORA

COORDENAÇÃO MOTORA E VISOMOTORA

ROSINHA CHEGOU PARA AJUDAR O CHICO A
SEGUIR AS SETINHAS COM MUITO CAPRICHO.
VOCÊ TAMBÉM PODE TENTAR!

COORDENAÇÃO MOTORA E VISOMOTORA

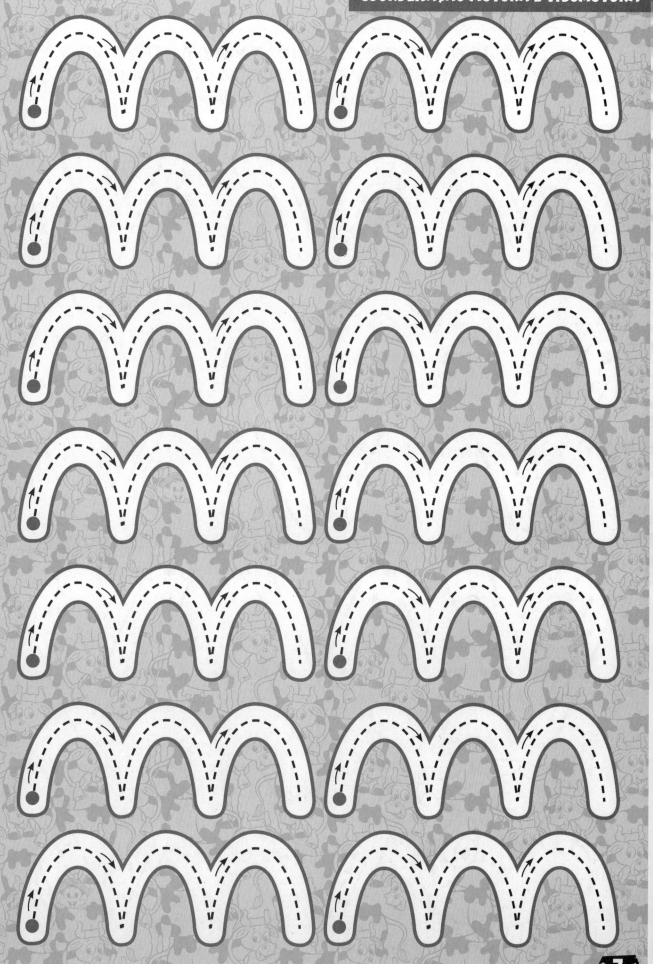

COORDENAÇÃO MOTORA E VISOMOTORA

COORDENAÇÃO MOTORA E VISOMOTORA

ESSA, NÃO! CHICO BENTO ESTAVA PRESTES A FAZER UMA ÓTIMA PESCARIA, MAS ACABOU TIRANDO UMA SONECA. PARA LEVAR A LINHA DE PESCA DO NOSSO AMIGO ATÉ OS PEIXINHOS, BASTA SEGUIR OS TRACEJADOS.

COORDENAÇÃO MOTORA E VISOMOTORA

QUANDO O DIA ESTÁ ENSOLARADO, ROSINHA APROVEITA PARA COLHER MUITAS FLORES PERFUMADAS! QUAIS CORES VOCÊ IRÁ ESCOLHER PARA COMPLETAR CADA UMA?

COORDENAÇÃO MOTORA E VISOMOTORA

CHICO BENTO ESTÁ DE OLHO NAS GOIABAS DO NHÔ LAU E O FAZENDEIRO RESOLVEU DAR UM JEITO DE CERCAR O POMAR. VAMOS APRENDER CADA MOVIMENTO PARA, DEPOIS, CONSTRUIR AS CERCAS?

COORDENAÇÃO MOTORA E VISOMOTORA

AGORA É HORA DE TRAÇAR AS CERCAS QUE O NHÔ LAU CONSTRUIU.

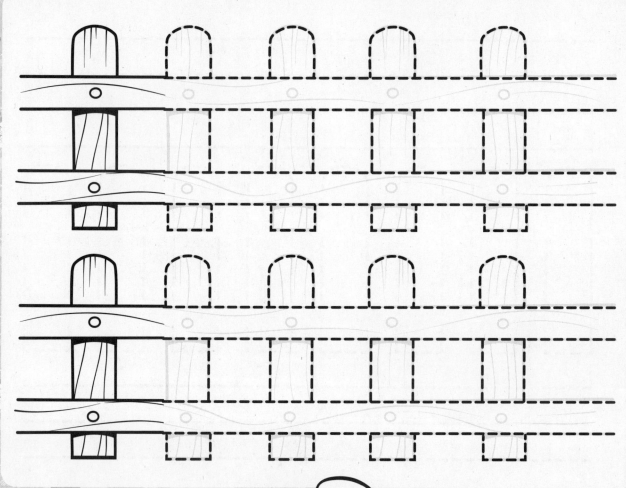

COORDENAÇÃO MOTORA E VISOMOTORA

A FESTA JUNINA NA ROÇA JÁ VAI COMEÇAR!
VAMOS COMPLETAR AS BANDEIRINHAS PARA
QUE TUDO FIQUE BEM BONITO?

COORDENAÇÃO MOTORA E VISOMOTORA

CHICO BENTO VAI SEGUIR O RITMO DA MODA DE VIOLA, MAS A FESTANÇA SÓ VAI FICAR BATUTA SE VOCÊ COMPLETAR O INSTRUMENTO ABAIXO COM CAPRICHO.

COORDENAÇÃO MOTORA E VISOMOTORA

LÁ NA VILA ABOBRINHA, OS PÁSSAROS VOAM LIVRES, ALÉM DO HORIZONTE. VAMOS SEGUIR O MOVIMENTO QUE CADA UM DELES FAZ?

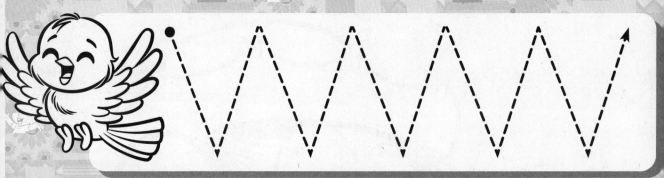

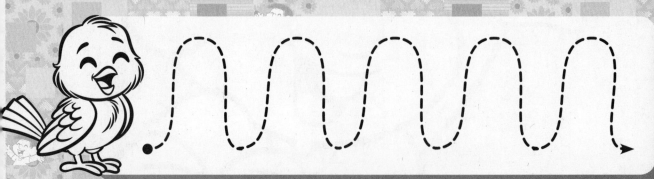

COORDENAÇÃO MOTORA E VISOMOTORA

SEGUINDO OS CAMINHOS CORRETOS, LIGUE CADA ANIMAL DA FAZENDA AO SEU NOME CORRESPONDENTE.

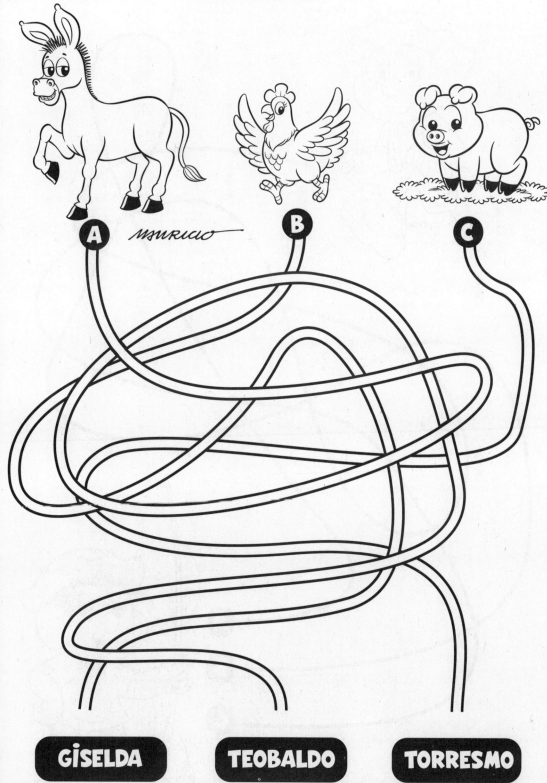

RESPOSTAS NA PÁGINA 160

COORDENAÇÃO MOTORA E VISOMOTORA

CHICO BENTO MARCOU UM DIA DE PESCARIA COM O ZÉ LELÉ LÁ NO RIBEIRÃO. QUAL DOS FIOS ABAIXO VAI UNIR OS AMIGOS?

RESPOSTA NA PÁGINA 160

COORDENAÇÃO MOTORA E VISOMOTORA

O RIBEIRÃO SEMPRE FICA LOTADINHO DE PEIXES! VAMOS SEGUIR OS MOVIMENTOS DAS ONDINHAS, ENQUANTO O CHICO SE PREPARA PARA PESCAR?

COORDENAÇÃO MOTORA E VISOMOTORA

LOGO PELA MANHÃ, É PRECISO ALIMENTAR OS PINTINHOS. LEVE-OS PELO CAMINHO CORRETO NO LABIRINTO, PARA QUE ELES CHEGUEM ATÉ O CHICO BENTO.

RESPOSTAS NA PÁGINA 160

COORDENAÇÃO MOTORA E VISOMOTORA

CHICO SE ATRASOU DE NOVO PARA O ENCONTRO COM A ROSINHA. MAS, DESSA VEZ, ELE TROUXE UMA FLOR COMO PEDIDO DE DESCULPAS. VAMOS COMPLETÁ-LA COM CARINHO?

COORDENAÇÃO MOTORA E VISOMOTORA

QUEM VEIO PRIMEIRO: O OVO OU A GISELDA? ENQUANTO O CHICO REFLETE SOBRE ESSE ENIGMA, COMPLETE O DESENHO!

COORDENAÇÃO MOTORA E VISOMOTORA

NA CORRIDA PELA GOIABA MAIS MADURA, QUEM CHEGOU PRIMEIRO À GOIABEIRA DO NHÔ LAU? SIGA OS FIOS PARA DESCOBRIR!

RESPOSTAS NA PÁGINA 160

NUMERAIS

O CHICO BENTO CHAMOU A TURMINHA PARA APRENDER OS NUMERAIS DE O A 10. PARA COMEÇAR, VAMOS DAR LINDAS CORES A ELES?

0 - 1

2 - 3

4 - 5

NUMERAIS

6 - 7

8 - 9

10

NUMERAIS

APRENDA A REPRESENTAR OS NÚMEROS OBSERVANDO-OS COM ATENÇÃO E SEGUINDO OS TRACEJADOS.

0 ZERO

NUMERAIS

1
UM

NUMERAIS

2

DOIS

NUMERAIS

3

TRÊS

NUMERAIS

4

QUATRO

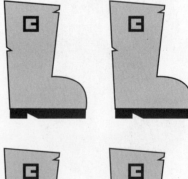

NUMERAIS

5
CINCO

NUMERAIS

36

NUMERAIS

NUMERAIS

8

OITO

NUMERAIS

NUMERAIS

10

DEZ

NUMERAIS

DONA MAROCAS VEIO ENSINAR O NÚMERO ZERO.
É HORA DE ACOMPANHAR OS TRACEJADOS!

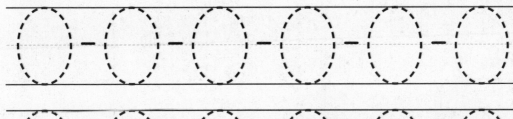

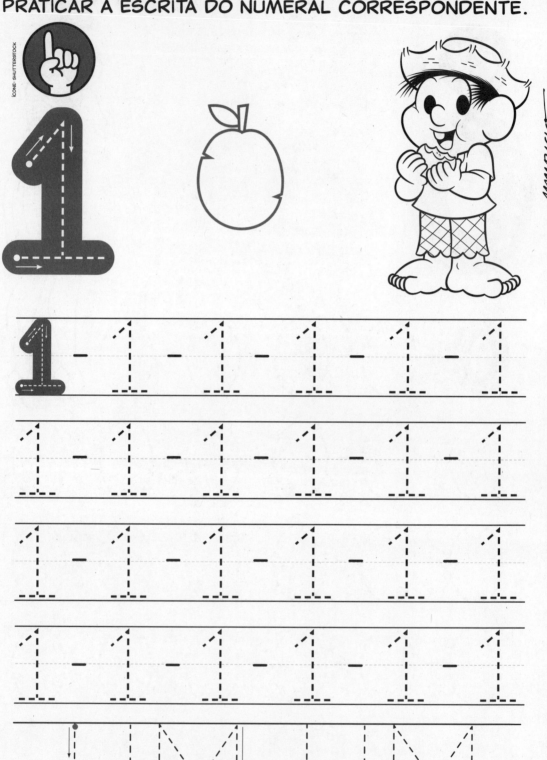

NUMERAIS

CHICO FOI PEGAR MILHO PARA AS GALINHAS E SEPAROU **DUAS** ESPIGAS PARA A ROSINHA. VAMOS REPRESENTÁ-LAS COM O NUMERAL **2**? PRATIQUE-O COM MUITO CAPRICHO.

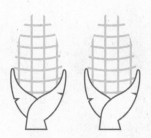

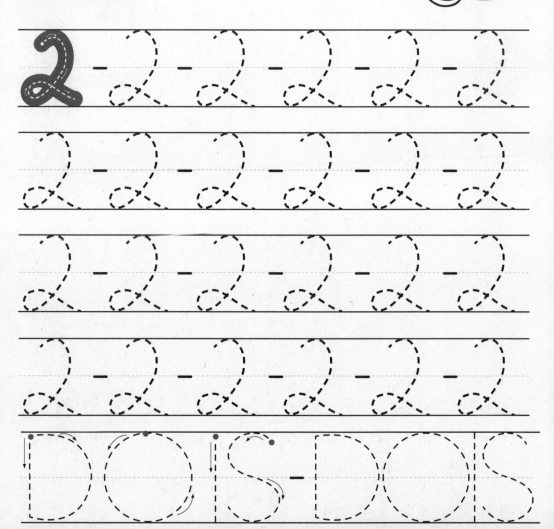

NUMERAIS

ZÉ LELÉ GANHOU **TRÊS** CARRINHOS DE PRESENTE E VAI CHAMAR OS AMIGOS PARA BRINCAR! ENQUANTO ISSO, VAMOS REPRESENTÁ-LOS COM O NUMERAL **3** E SEGUIR AS SETINHAS PARA DEIXÁ-LOS PRONTINHOS?

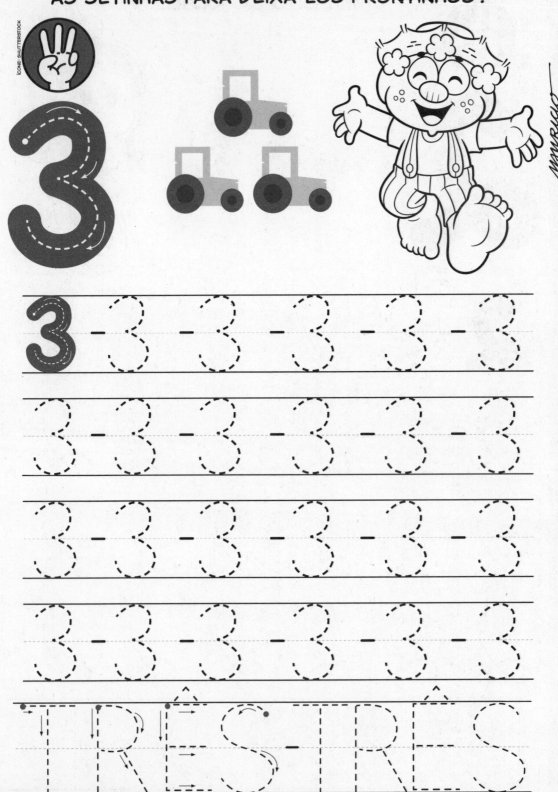

NUMERAIS

ZÉ DA ROÇA NÃO PERDE UMA BOA COLHEITA. HOJE, ELE TROUXE **QUATRO** CENOURAS SUCULENTAS PARA O ALMOÇO. PARA REPRESENTÁ-LAS, VOCÊ APRENDERÁ A FAZER O NUMERAL **4**.

45

NUMERAIS

PARECE QUE HIRO TAMBÉM APRENDEU A PLANTAR! ELE FICOU ORGULHOSO QUANDO **CINCO** LINDAS FLORES DESABROCHARAM NOS VASINHOS! AGORA, VOCÊ APRENDERÁ A ESCREVER O NUMERAL **5** COM O NOSSO AMIGO.

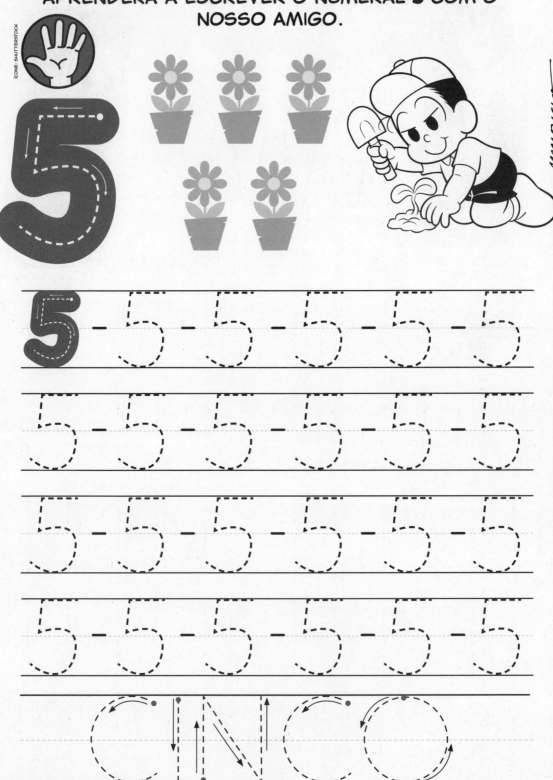

NUMERAIS

NHÔ LAU ESTÁ DESCONFIADO, POIS **SEIS** GOIABAS QUE ELE ACABOU DE COLHER SUMIRAM. SERÁ QUE FOI O CHICO BENTO? ENQUANTO ELE DESCOBRE, VAMOS PRATICAR O NUMERAL **6**?

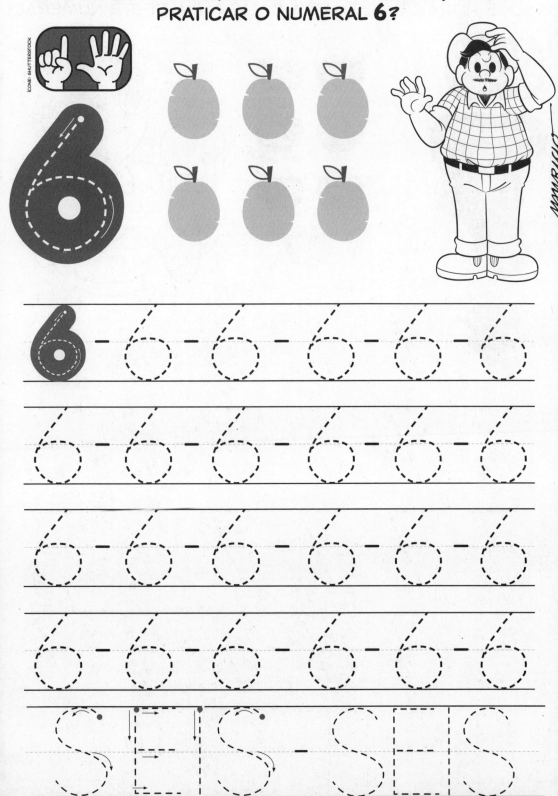

NUMERAIS

NA AULA DE HOJE, DONA MAROCAS GANHOU **SETE** MAÇÃS DO CHICO BENTO. SERÁ QUE ELE VAI SE EMPENHAR DA MESMA FORMA PARA TIRAR NOTA **7** NA PROVA? ENQUANTO ISSO, É HORA DE TREINAR A CALIGRAFIA DESTE NUMERAL!

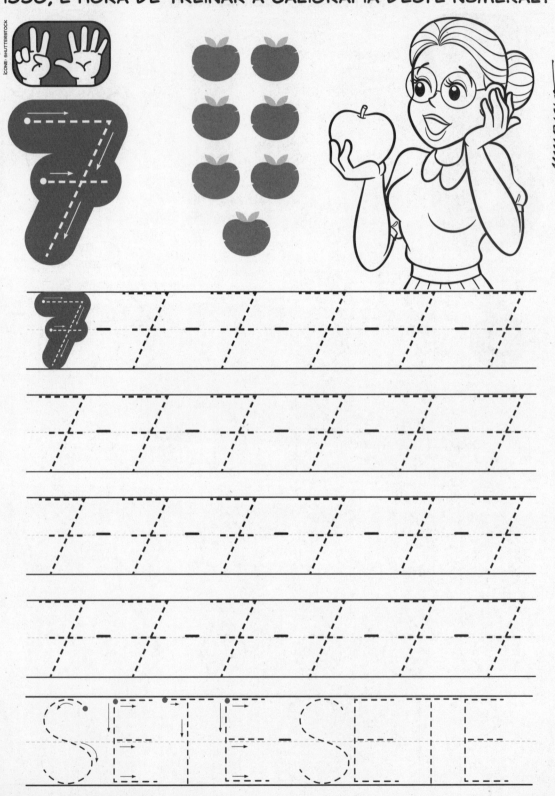

NUMERAIS

HOJE, O RIBEIRÃO ESTÁ LOTADO DE PEIXES! ZÉ LELÉ PESCOU **OITO** DELES! APROVEITE PARA APRENDER A ESCREVER O NUMERAL **8**.

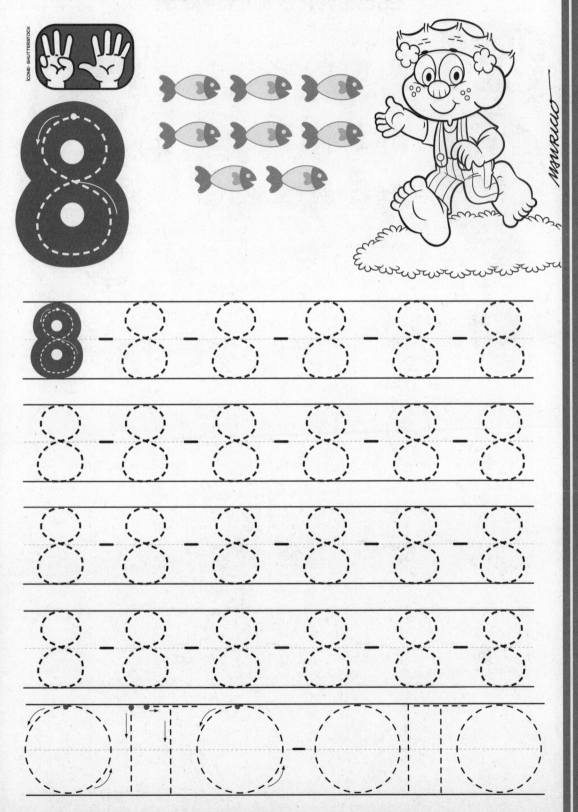

NUMERAIS

A ROSINHA ESTÁ TÃO ANIMADA COM A FESTA JUNINA NA ROÇA, QUE COMPROU **NOVE** LAÇOS PARA USAR! ELA VAI FICAR AINDA MAIS FELIZ SE VOCÊ SOUBER ESCREVER O NUMERAL 9.

NUMERAIS

PARA AGRADAR A ROSINHA, CHICO BENTO COLHEU **DEZ** LINDOS GIRASSÓIS. AGORA, SÓ FALTA VOCÊ MOSTRAR QUE JÁ SABE ESCREVER O NUMERAL **10**.

ATIVIDADE

VIU COMO É FÁCIL APRENDER OS NUMERAIS COM A TURMA DA VILA ABOBRINHA? MOSTRE AO CHICO BENTO QUE VOCÊ É FERA NA SEQUÊNCIA DE 0 A 10, NUMERANDO OS CHAPÉUS ABAIXO.

RESPOSTA NA PÁGINA 160

ALFABETO

Árvore

ALFABETO

a a a a a a a

a a a a a a a

ALFABETO

Bode

B B B B B

B B B B B

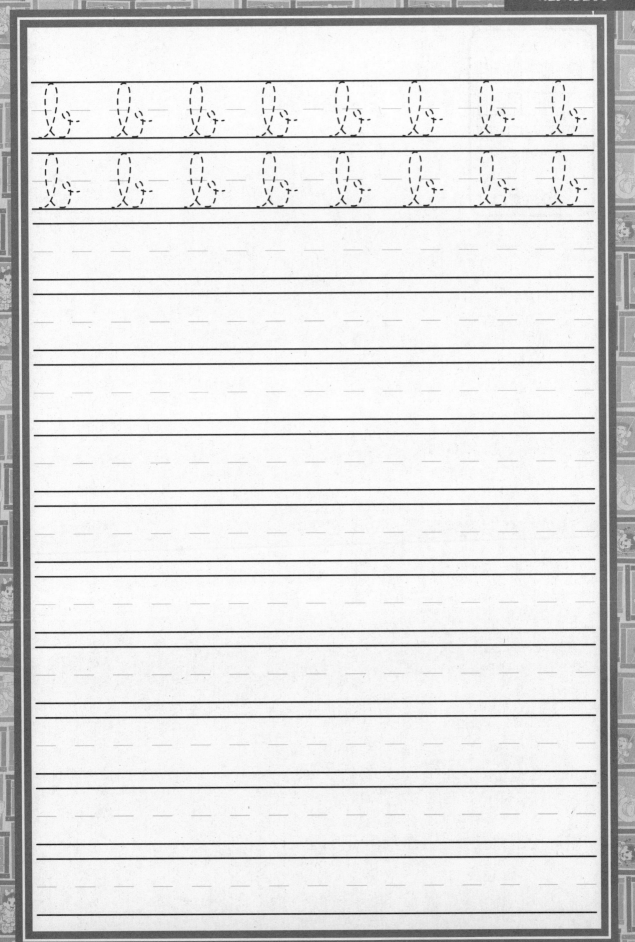

ALFABETO

ALFABETO

MAURÍCIO

Cerca

ALFABETO

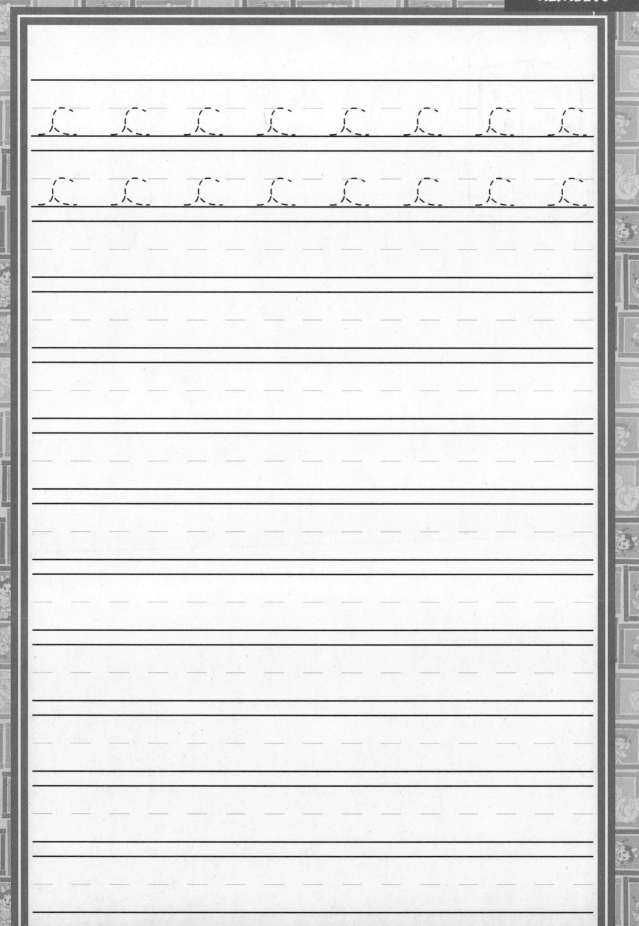

ALFABETO

Dado

ALFABETO

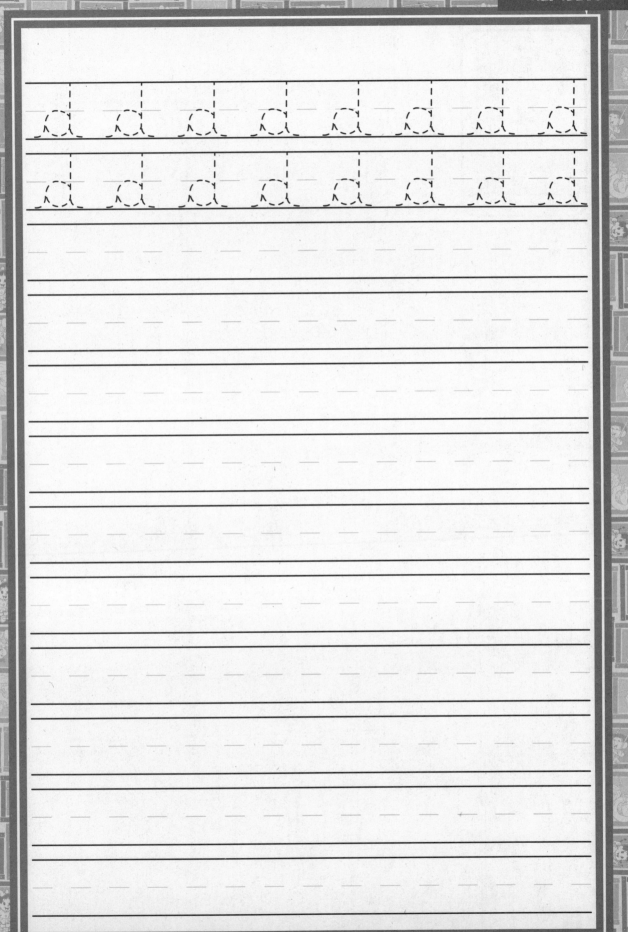

ALFABETO

Espantalho

MAURICIO

ALFABETO

ALFABETO

Flor

ALFABETO

ALFABETO

Giselda

G G G G G G
g g g g g g
g g g g g g
g g g g g g

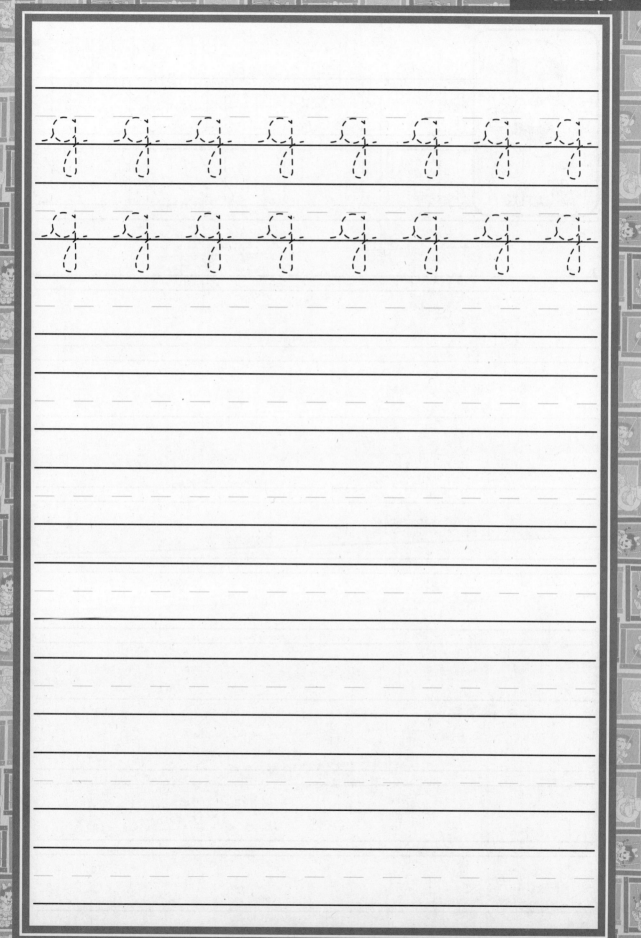

ALFABETO

Hiro

ALFABETO

69

ALFABETO

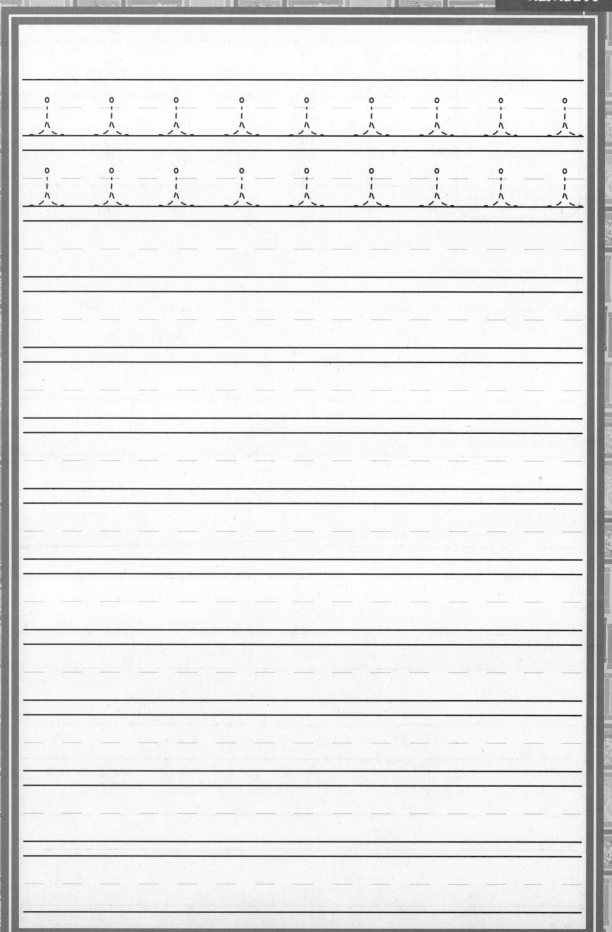

ALFABETO

Janela

ALFABETO

73

ALFABETO

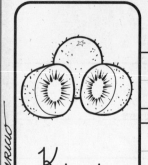

Kiwi

K K K K K K K

K K K K K K K

ALFABETO

k k k k k k k k k

k k k k k k k k k

ALFABETO

Laço

ALFABETO

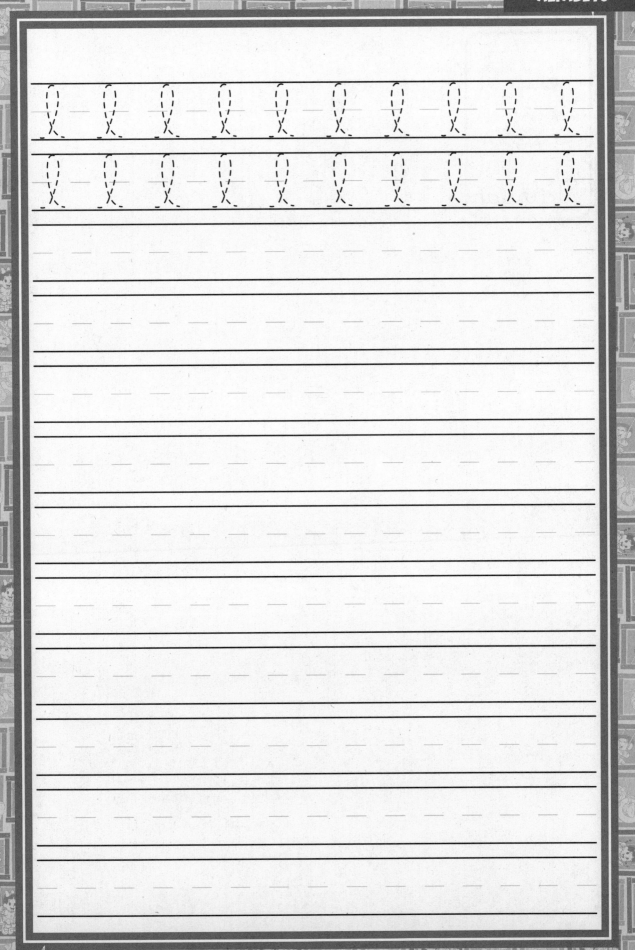

ALFABETO

Malhada

ALFABETO

m m m m m m m m m

m m m m m m m m

ALFABETO

Navio

ALFABETO

n n n n n n n n n n n

n n n n n n n n n n n

ALFABETO

Ovelha

ALFABETO

ALFABETO

Pássaro

p p p p p p p p

p p p p p p p p

ALFABETO

p p p p p p p p p p p

p p p p p p p p p p p

ALFABETO

Queijo

86

ALFABETO

ALFABETO

Rosinha

R R R R R R R

R R R R R R R

ALFABETO

ALFABETO

Sapo

ALFABETO

ALFABETO

Teobaldo

J J J J J J J

J J J J J J J

ALFABETO

ALFABETO

MAURÍCIO

Urso

ALFABETO

ALFABETO

Violão

ALFABETO

ALFABETO

Webcam

ALFABETO

99

ALFABETO

Yakisoba

ALFABETO

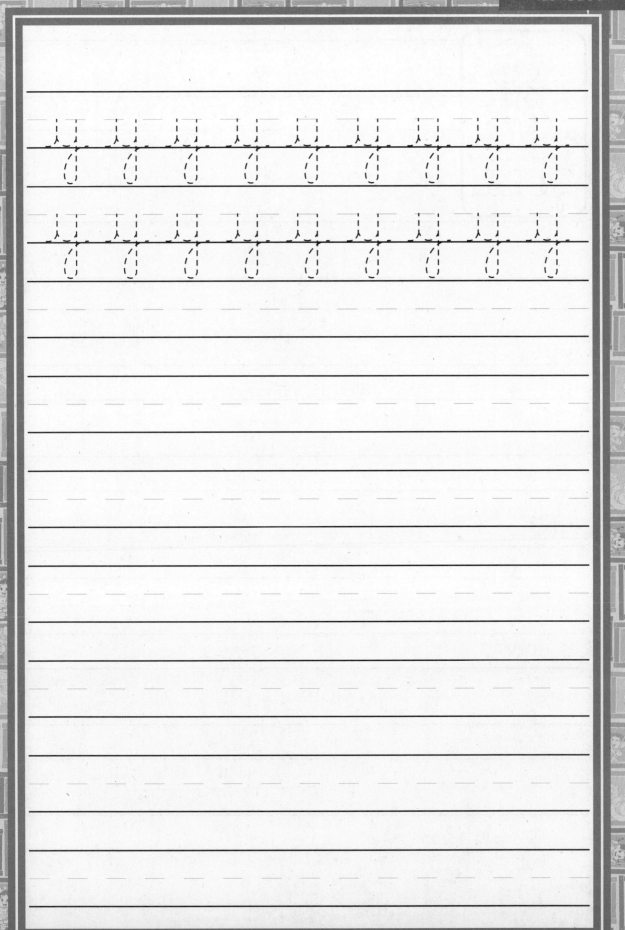

ALFABETO

Zé Lelé

ALFABETO

105

COORDENAÇÃO MOTORA E VISOMOTORA

DONA MAROCAS VEIO APRESENTAR AS FORMAS GEOMÉTRICAS À TURMINHA. OBSERVE CADA UMA, ENQUANTO SEGUE OS TRACEJADOS DAS FIGURAS.

CÍRCULO

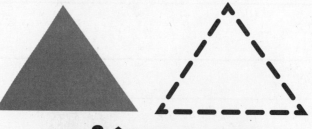

TRIÂNGULO

COORDENAÇÃO MOTORA E VISOMOTORA

RETÂNGULO

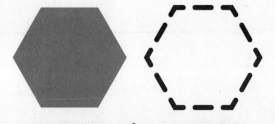

QUADRADO

HEXÁGONO

LOSANGO

FORMAS GEOMÉTRICAS

AGORA, VAMOS PRATICAR! ESTE É O **CÍRCULO**.
VEJA COMO SE ESCREVE A PALAVRA E,
DEPOIS, DESENHE SUA FORMA.

CÍRCULO

FORMAS GEOMÉTRICAS

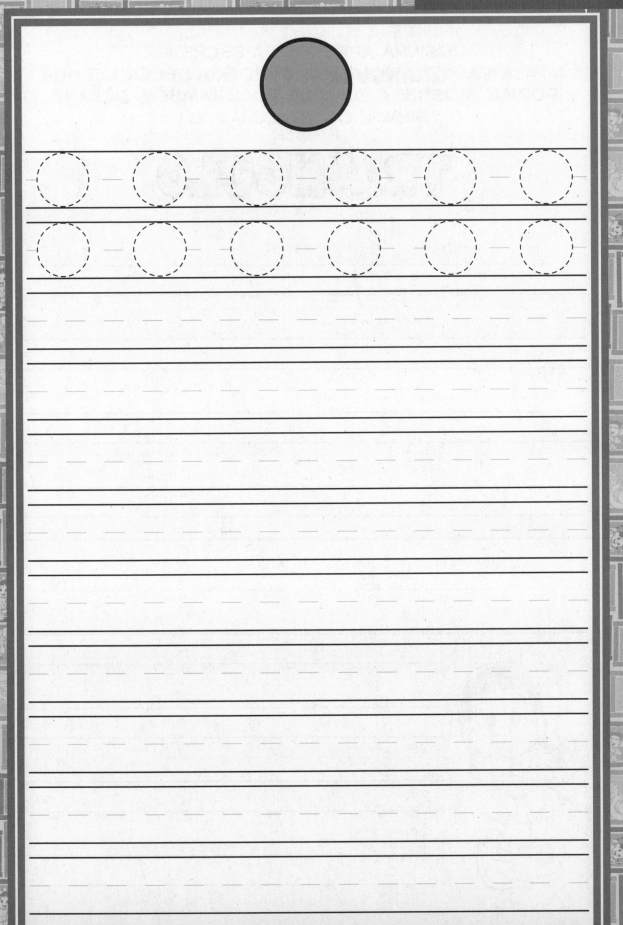

FORMAS GEOMÉTRICAS

ROSINHA APRENDEU A ESCREVER A PALAVRA "**TRIÂNGULO**" E, DEPOIS, A DESENHAR SUA FORMA. MOSTRE A ELA QUE VOCÊ TAMBÉM JÁ SABE SEGUIR OS TRACEJADOS!

TRIÂNGULO

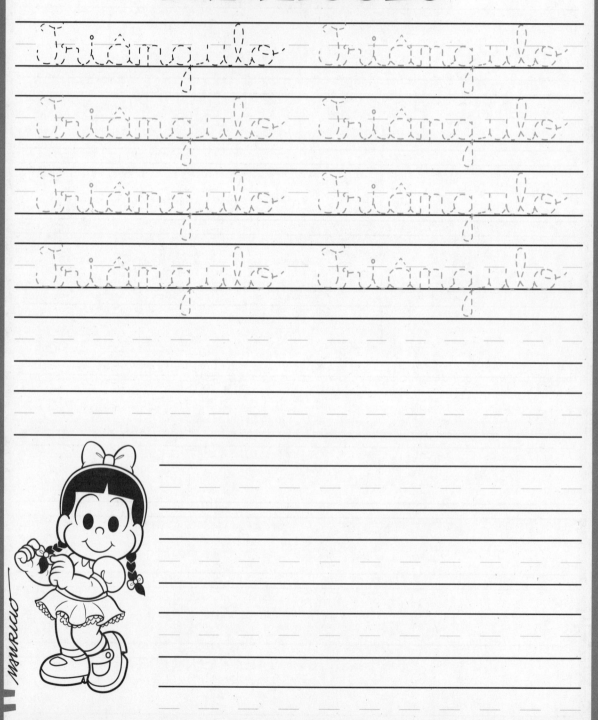

FORMAS GEOMÉTRICAS

FORMAS GEOMÉTRICAS

CHICO BENTO JÁ SABE COMO SE ESCREVE A PALAVRA **"RETÂNGULO"** E COMO DESENHAR ESTA FORMA GEOMÉTRICA. MOSTRE A ELE QUE VOCÊ TAMBÉM JÁ APRENDEU!

RETÂNGULO

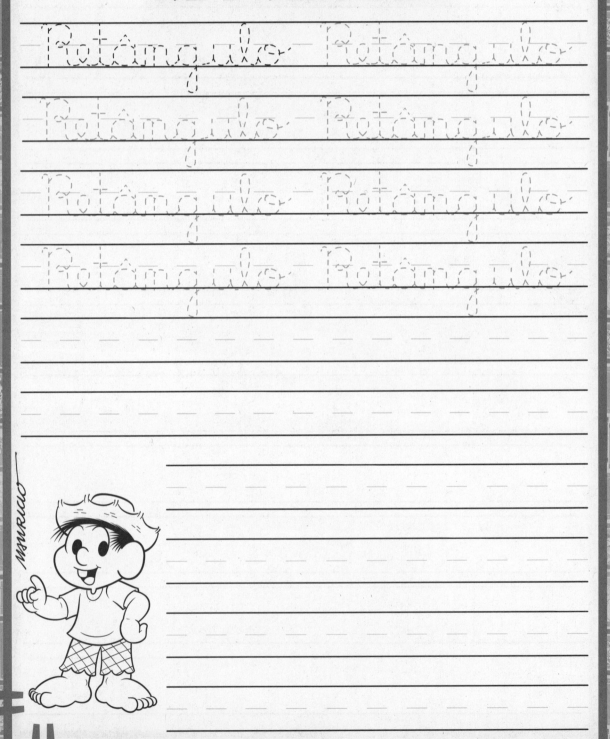

FORMAS GEOMÉTRICAS

FORMAS GEOMÉTRICAS

HIRO APRENDEU A MAIS FAMOSA DAS FORMAS GEOMÉTRICAS: O **QUADRADO**! ELE VEIO MOSTRAR A VOCÊ COMO ESCREVER O NOME DESTA FORMA E DESENHÁ-LA!

QUADRADO

Quadrado Quadrado

Quadrado Quadrado

Quadrado Quadrado

Quadrado Quadrado

FORMAS GEOMÉTRICAS

FORMAS GEOMÉTRICAS

PARECE QUE O ZÉ LELÉ ESTÁ COM DÚVIDA PARA COMPLETAR OS TRACEJADOS DO **HEXÁGONO**. VOCÊ PODE AJUDÁ-LO NESSA TAREFA? MOSTRE A ELE QUE VOCÊ JÁ SABE ESCREVER O NOME E DESENHAR ESSA FORMA GEOMÉTRICA.

HEXÁGONO

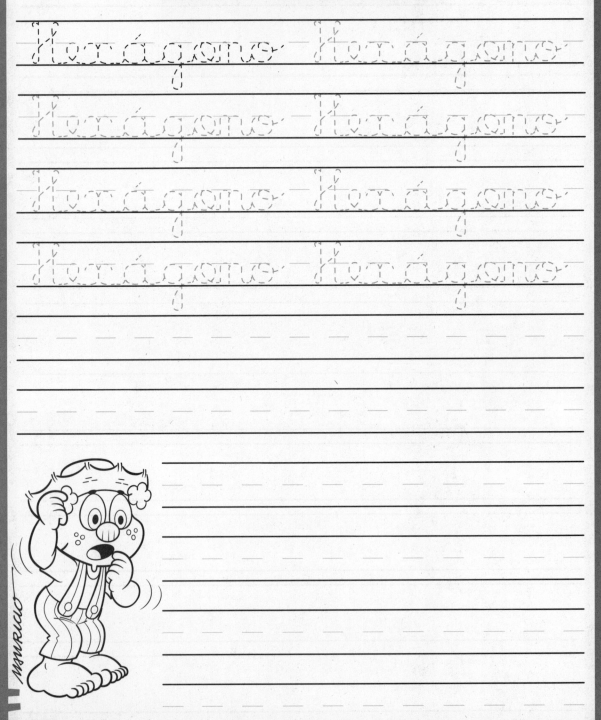

FORMAS GEOMÉTRICAS

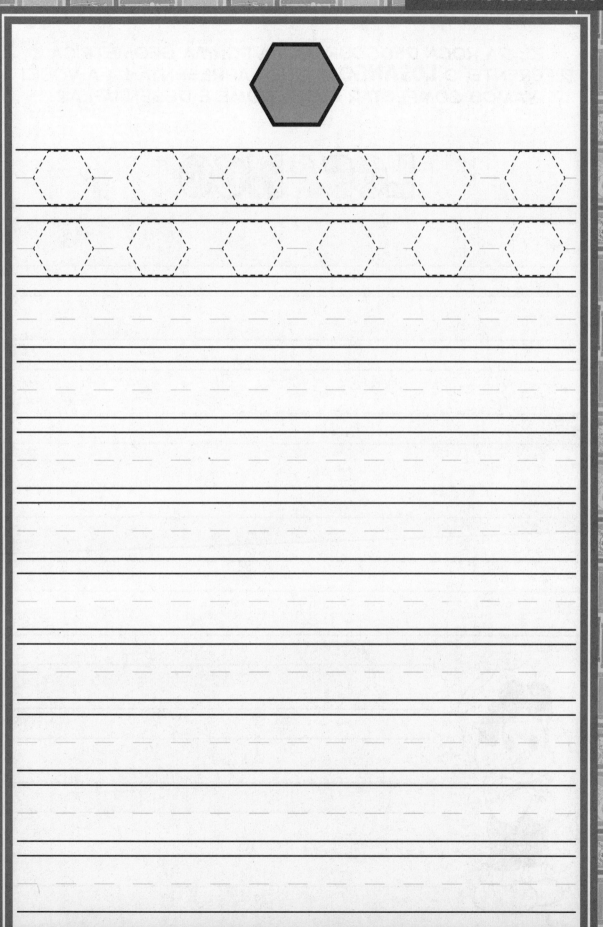

117

FORMAS GEOMÉTRICAS

ZÉ DA ROÇA DESCOBRIU UMA FORMA GEOMÉTRICA DIFERENTE, O **LOSANGO**, E QUER APRESENTÁ-LA A VOCÊ! VAMOS COMPLETAR O SEU NOME E DESENHÁ-LA?

LOSANGO

118

FORMAS GEOMÉTRICAS

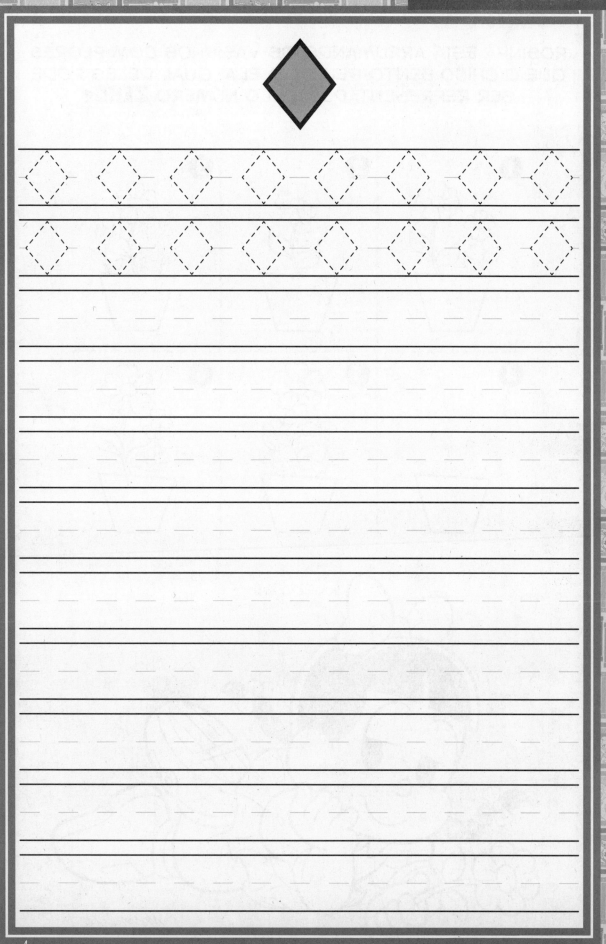

ATIVIDADES

ROSINHA ESTÁ ARRUMANDO OS VASINHOS COM FLORES QUE O CHICO BENTO DEU PARA ELA. QUAL DELES PODE SER REPRESENTADO COM O NÚMERO **ZERO**?

RESPOSTA NA PÁGINA 160

DOS OVOS QUE A GISELDA CHOCOU, NASCERAM MUITOS PINTINHOS, MAS SÓ UM ESTÁ SOZINHO. CIRCULE-O QUANDO ENCONTRÁ-LO.

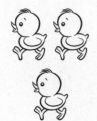

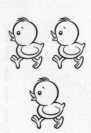

ATIVIDADES

DESENHE UMA GOIABA A MAIS PARA O CHICO BENTO SABOREAR E ESCREVA O NÚMERO TOTAL DE FRUTAS NO ESPAÇO INDICADO.

RESPOSTAS NA PÁGINA 160

CHICO BENTO PESCOU TRÊS PEIXÕES LÁ NO RIBEIRÃO. SÓ FALTA VOCÊ DESENHÁ-LOS PARA ELE!

ATIVIDADES

NHÔ LAU TEM MUITO ORGULHO DO SEU POMAR! VAMOS COLORIR PRIMEIRO A GOIABEIRA QUE CONTÉM CINCO GOIABAS?

RESPOSTAS NA PÁGINA 160

ATIVIDADES

QUAL DOS GRUPOS ABAIXO POSSUI SEIS LÁPIS? PINTE O CONJUNTO CORRETO.

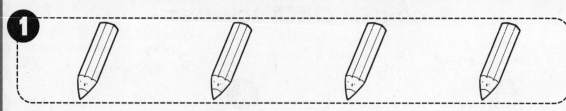

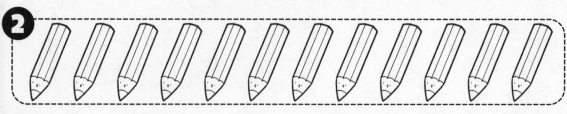

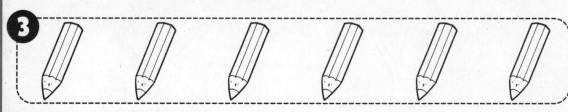

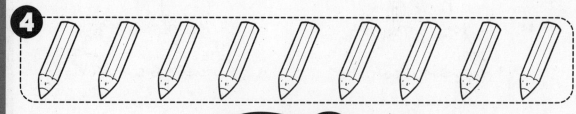

RESPOSTAS NA PÁGINA 160

A NOITE ESTÁ AGRADÁVEL PARA O DESCANSO DO CHICO! CONTE QUANTAS NUVENS EXISTEM NO CÉU E DESENHE AS QUE FALTAM PARA COMPLETAR A QUANTIDADE QUE REPRESENTE O NUMERAL 9.

ATIVIDADES

A COLHEITA DE MAÇÃS DO HIRO RENDEU FRUTAS DELICIOSAS E FRESQUINHAS! CONTE A QUANTIDADE DE MAÇÃS QUE APARECEM NESTA PÁGINA, PINTE-AS E ESCREVA O NÚMERO NO ESPAÇO INDICADO.

RESPOSTA NA PÁGINA 161

ATIVIDADES

VAMOS AJUDAR O ZÉ LELÉ A COMPLETAR A SEQUÊNCIA NUMÉRICA ABAIXO?

1 - ☐ - 3

☐ - 5 - 6

☐ - 8 - ☐

10

RESPOSTAS NA PÁGINA 161

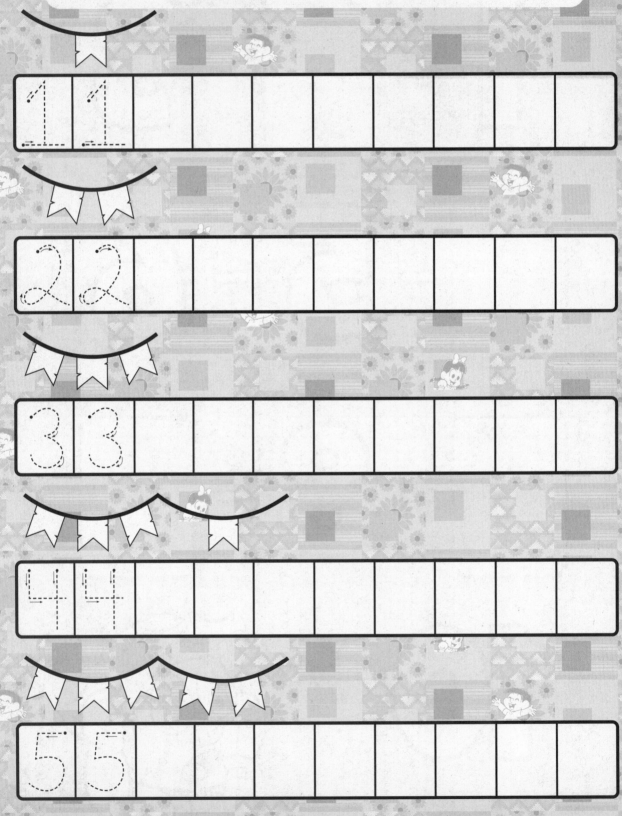

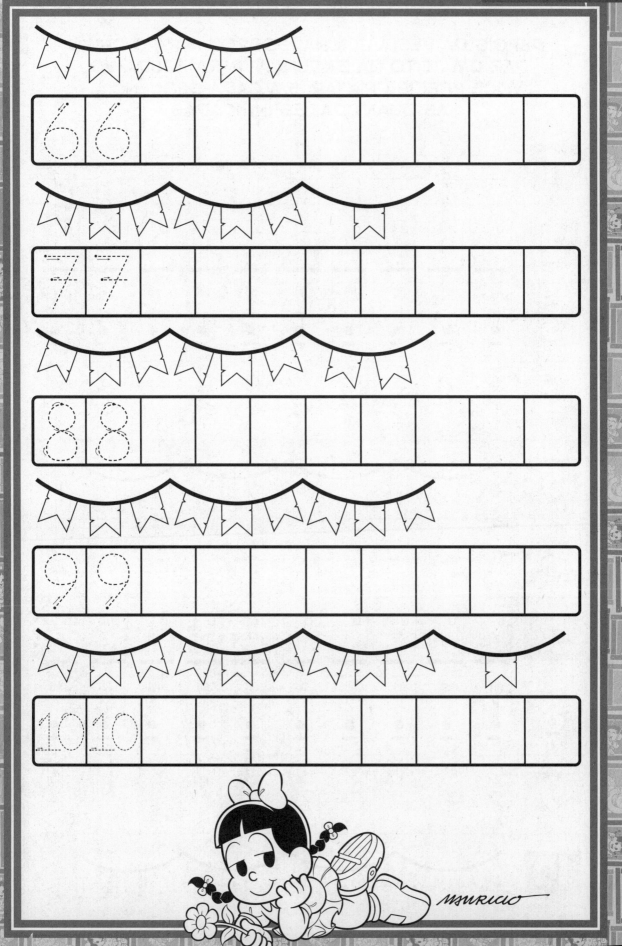

ATIVIDADES

DEPOIS DA FESTA JUNINA, SOBROU PARA O CHICO DAR UM JEITO NA BAGUNÇA! PARA AJUDÁ-LO, VOCÊ PRECISA PINTAR, EM CADA SEQUÊNCIA, AS QUANTIDADES INDICADAS.

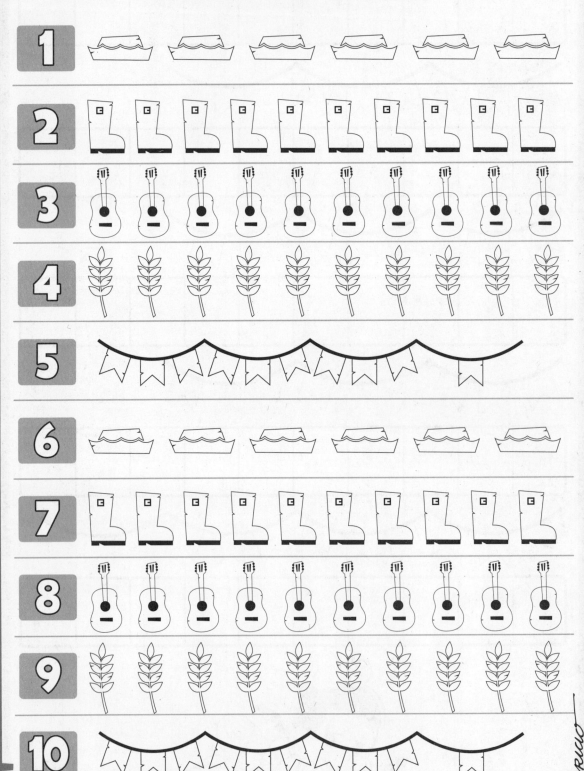

RESPOSTA NA PÁGINA 161

ATIVIDADES

CHICO BENTO SEMPRE TEM UMA PORÇÃO DE COISAS PARA FAZER NA ROÇA. DESSA VEZ, ELE PRECISA ORGANIZAR OS ANIMAIS. QUANTOS DE CADA ESPÉCIE APARECEM NESTA PÁGINA? CONTE E REGISTRE AS RESPOSTAS NOS ESPAÇOS INDICADOS.

RESPOSTAS NA PÁGINA 161

ATIVIDADES

VAMOS LIGAR OS PONTOS EM ORDEM ALFABÉTICA PARA FORMAR A FIGURA?

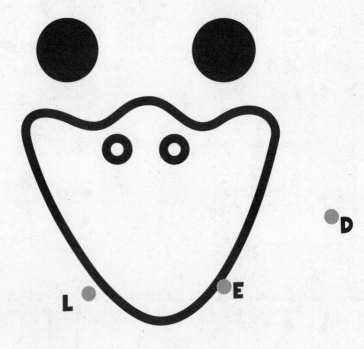

ATIVIDADES

ESCREVA O SEU NOME NA TIRINHA.
DEPOIS, LOCALIZE ABAIXO CADA LETRA QUE EXISTE
NELE E PINTE-AS.

SEU NOME:

A B C D E
F G H I J K
L M N O P
Q R S T U V
W X Y Z

MAURICIO

ATIVIDADES

PARA QUE O CHICO BENTO TIRE A MAIOR NOTA NA PROVA DE PORTUGUÊS, COMPLETE OS QUADRADINHOS CONFORME INDICADO.

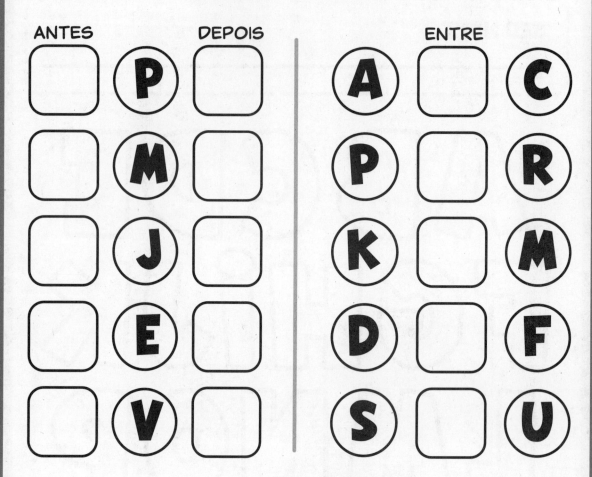

RESPOSTAS NA PÁGINA 161

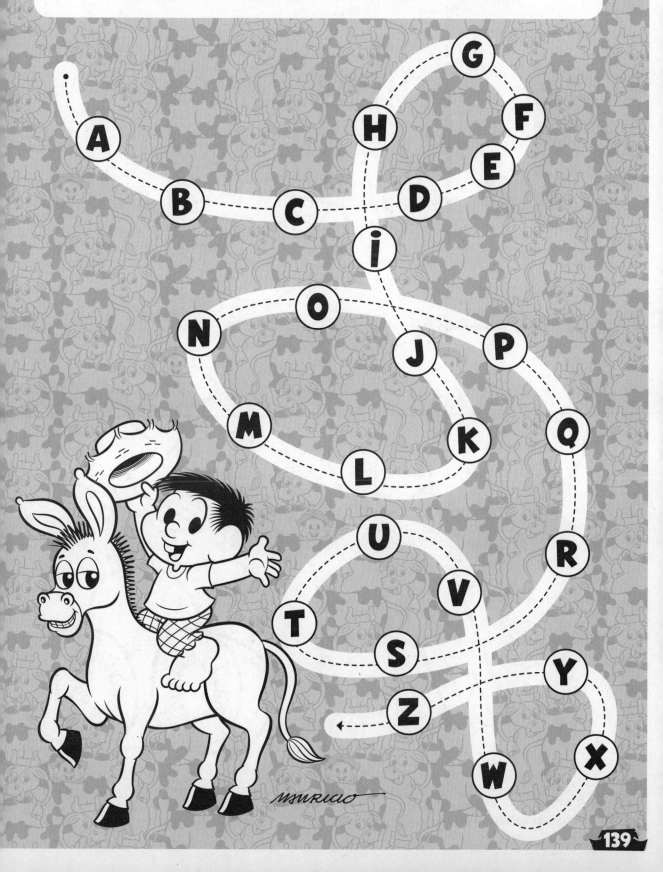

ATIVIDADES

PINTE PRIMEIRO A FIGURA EM QUE O NOME COMEÇA COM A LETRA **L**.

RESPOSTA NA PÁGINA 161

ATIVIDADES

PINTE PRIMEIRO A FIGURA EM QUE O NOME COMEÇA COM A LETRA **G**.

G

RESPOSTA NA PÁGINA 161

141

ATIVIDADES

PINTE PRIMEIRO A FIGURA EM QUE O NOME COMEÇA COM A LETRA **R**.

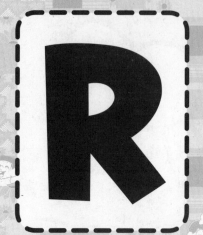

ATIVIDADES

PINTE PRIMEIRO A FIGURA EM QUE O NOME COMEÇA COM A LETRA **Z**.

RESPOSTA NA PÁGINA 161

143

ATIVIDADES

PINTE PRIMEIRO A FIGURA EM QUE O NOME COMEÇA COM A LETRA **S**.

RESPOSTA NA PÁGINA 161

ATIVIDADES

PINTE PRIMEIRO A FIGURA EM QUE O NOME COMEÇA COM A LETRA **C**.

RESPOSTA NA PÁGINA 161

145

ATIVIDADES

VAMOS LIGAR CADA FORMA GEOMÉTRICA AO SEU NOME CORRESPONDENTE?

CÍRCULO

TRIÂNGULO

RETÂNGULO

QUADRADO

HEXÁGONO

LOSANGO

RESPOSTAS NA PÁGINA 161

ATIVIDADES

AGORA É HORA DE COMPLETAR E PINTAR AS FORMAS GEOMÉTRICAS: **RETÂNGULO, CÍRCULO** E **TRIÂNGULO**. DEPOIS, VOCÊ PODERÁ DESENHAR CARINHAS ENGRAÇADAS EM CADA UMA!

QUE TAL FAZER O MESMO COM AS FORMAS: LOSANGO, HEXÁGONO E QUADRADO?

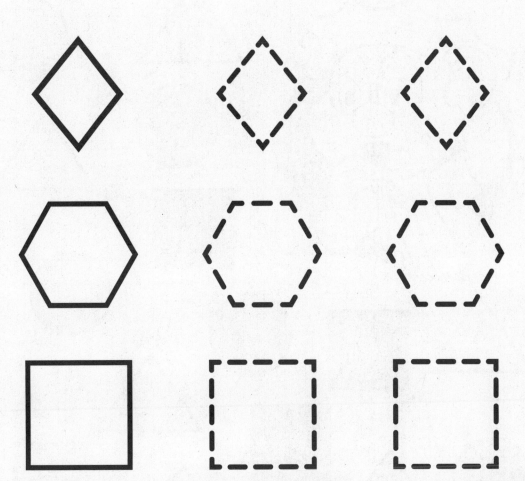

ATIVIDADES

ZÉ LELÉ QUER SABER: QUANTAS VEZES CADA FORMA GEOMÉTRICA APARECE ABAIXO? CONTE E RESPONDA NOS ESPAÇOS TRACEJADOS.

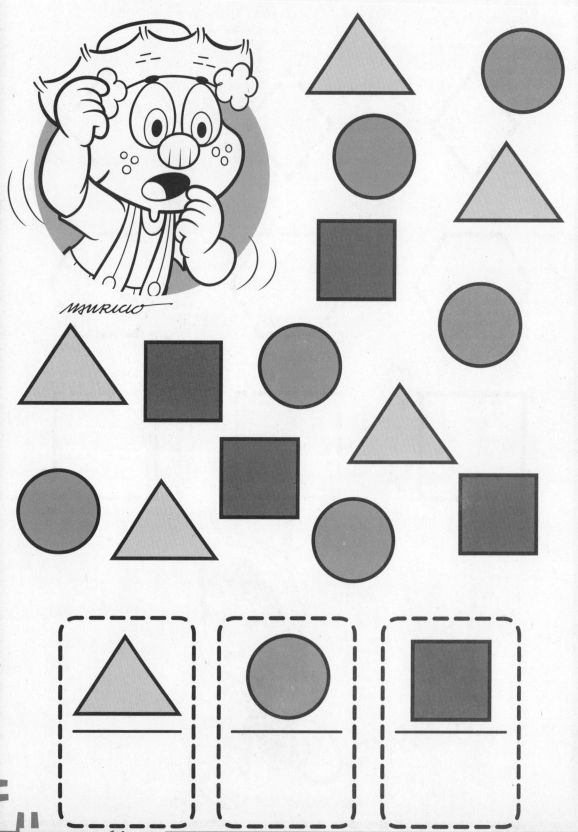

RESPOSTAS NA PÁGINA 162

ATIVIDADES

CHICO CHEGOU COM UM NOVO DESAFIO: PINTAR CADA FIGURA SEM QUE AS CORES SE REPITAM DOS LADOS, EM CIMA E EMBAIXO DE CADA UMA!

ATIVIDADES

VAMOS SOLTAR A CRIATIVIDADE? CRIE UM DESENHO BEM BONITO PARA O CHICO BENTO, USANDO SOMENTE AS FORMAS GEOMÉTRICAS QUE VOCÊ APRENDEU!

153

VAMOS PINTAR CADA FIGURA GEOMÉTRICA DE ACORDO COM A LEGENDA?

QUANTOS DOS TRIÂNGULOS ABAIXO **NÃO** ESTÃO LIGADOS A NENHUM OUTRO? CONTE E ESCREVA A RESPOSTA NO ESPAÇO INDICADO.

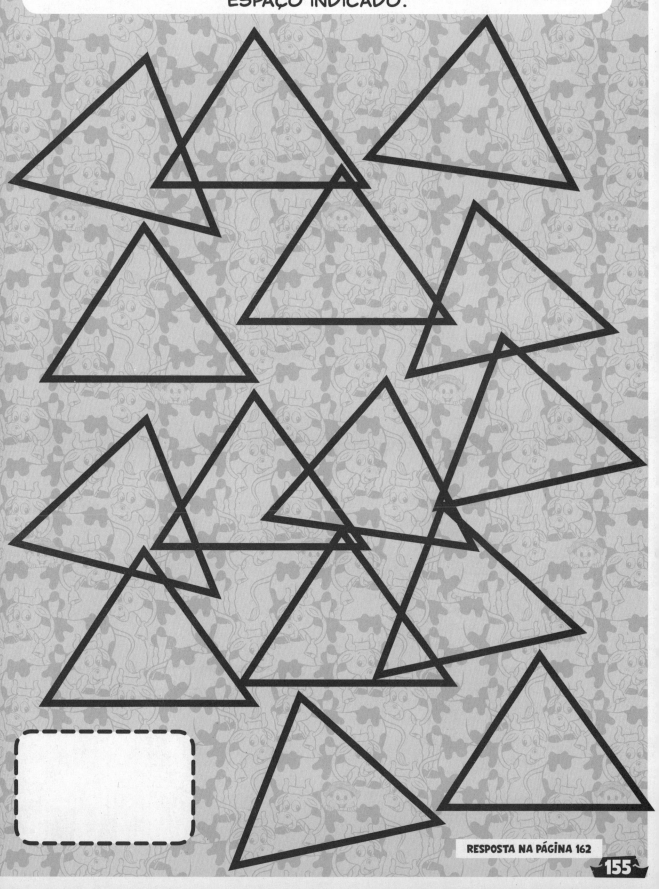

RESPOSTA NA PÁGINA 162

ATIVIDADES

SIGA A LINHA PARA FORMAR O NOME DE UMA FORMA GEOMÉTRICA.

RESPOSTA NA PÁGINA 162

ATIVIDADES

VAMOS LIGAR CADA FORMA GEOMÉTRICA À SUA METADE CORRESPONDENTE?

RESPOSTAS NA PÁGINA 162

ATIVIDADES

COMPLETE A CRUZADINHA COM O NOME DE CADA FORMA GEOMÉTRICA.

TRIÂNGULO
QUADRADO
RETÂNGULO
CÍRCULO
LOSANGO
HEXÁGONO

RESPOSTAS NA PÁGINA 162

CHICO BENTO VEIO DIZER QUE A TURMA DA VILA ABOBRINHA ADOROU A SUA COMPANHIA. ATÉ A PRÓXIMA!

RESPOSTAS

130
10

131
1 - 2 - 3
4 - 5 - 6
7 - 8 - 9
10

134

135

138

140

141

142

143

144

145

146

161

147

150

152

155

156 HEXÁGONO

157

158